Caligrafia

volume 1

1ª edição

Obra coletiva concebida, desenvolvida
e produzida pela Editora Moderna.
© Editora Moderna 2006

☰III Moderna

Coordenação editorial: Virginia Aoki
Elaboração dos originais: Luiz Carlos Gonçalves de Oliveira
Edição de texto: Luiz Carlos Gonçalves de Oliveira, Alessandra Corá
Coordenação de *design* e projetos visuais: Sandra Botelho de Carvalho Homma
Projeto gráfico: Everson de Paula
Capa: [sic] computação gráfica
    Fotos dos animais de massinha: jacaré © Paulo Manzi; macaco © IP;
    sapo © IP Digital Estudio 2/CID; zebra © Estudio San Simon/CID
Coordenação de produção gráfica: André Monteiro, Maria de Lourdes Rodrigues
Coordenação de revisão: Estevam Vieira Lédo Júnior
Revisão: Ana Maria C. Tavares, Elaine Cristina del Nero
Edição de arte: Rodolpho de Souza
Ilustrações: Fabiana Salomão
Assistência de produção: Maria Lucia F. Couto
Coordenação de pesquisa iconográfica: Ana Lucia Soares
Pesquisa iconográfica: Ana Lucia Soares
As imagens identificadas com a sigla CID foram fornecidas pelo Centro de
Informação e Documentação da Editora Moderna.
Coordenação de tratamento de imagens: Américo Jesus
Tratamento de imagens: Américo Jesus
Saída de filmes: Helio P. de Souza Filho, Marcio Hideyuki Kamoto
Coordenação de produção industrial: Wilson Aparecido Troque

IMPRESSÃO
NB Impressos
LOTE
783997
COD
12051048

ISBN 85-16-05104-8 (LA)
ISBN 85-16-05105-6 (LP)

Reprodução proibida. Art. 184 do Código Penal e Lei 9.610 de 19 de fevereiro de 1998.

Todos os direitos reservados

EDITORA MODERNA LTDA.
Rua Padre Adelino, 758 - Belenzinho
São Paulo - SP - Brasil - CEP 03303-904
Vendas e Atendimento: Tel. (0_ _11) 2790-1500
Fax (0_ _11) 2790-1501
www.moderna.com.br
2024
Impresso na China

1   3   5   7   9   10   8   6   4   2   R.O.

SUMÁRIO

Vamos soltar a mão	4
Este é o alfabeto	8
Vamos escrever: O alfabeto	10
As vogais	
A, E, I, O, U	14
As consoantes	
B	16
C	17
C (com som de **s**)	18
Ç	19
c ou **ç**	20
D	21
F	22
G	23
G (com som de **j**)	24
G (formando dígrafo)	25
H	26
J	27
L	28
L (com som de **u**)	29
M	30
M (formando som nasal)	31
N	32
N (formando som nasal)	33
P	34
m ou **n**	35
Q	36
Q (formando dígrafo)	37
R	38
RR (formando dígrafo)	39
R (brando)	40
r ou **rr**	41
S	42
SS (formando dígrafo)	43
S (com som de **z**)	44
s ou **ss**	45
T	46
V	47
X	48
X (com som de **z**)	49
Z	50
Z (com som de **s**)	51
K, W, Y	52
Dígrafos	
CH	54
LH	55
NH	56
Encontros consonantais	
BL, BR	58
CL, CR	59
FL, FR	60
GL, GR	61
Vamos ler e escrever: Poema	62
PL, PR	64
TL, TR	65
Vamos ler e completar: Poema	66
Vamos criar: Cartão-postal	68
Vamos escrever: Numerais	70

3

Vamos soltar a mão

● Cubra o pontilhado e forme a figura.
Depois, pinte o desenho.

● Cubra o pontilhado. Continue o traçado até o final da linha.

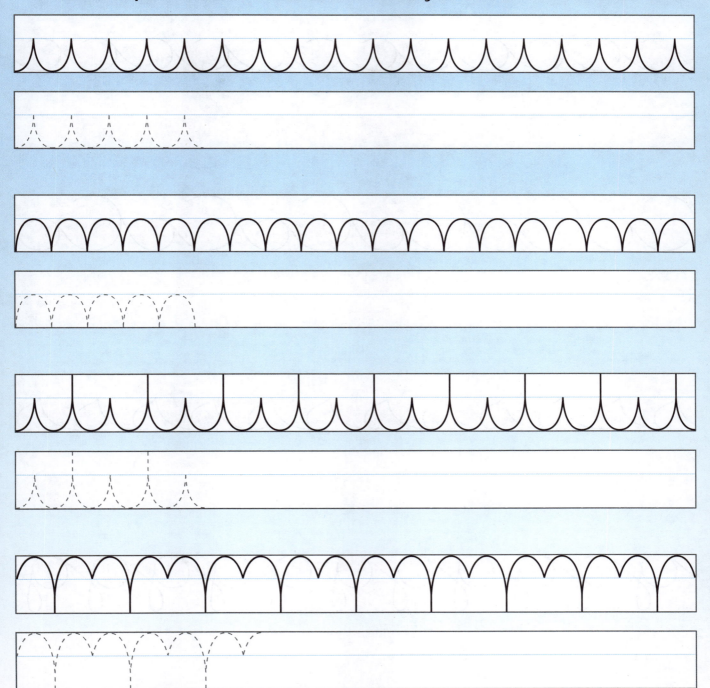

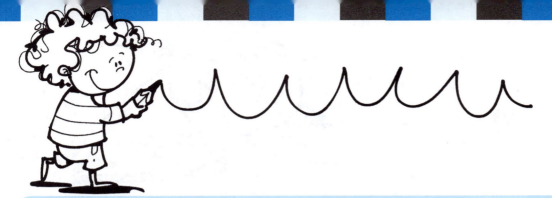

● **Continue e complete cada traçado até o final da linha.**

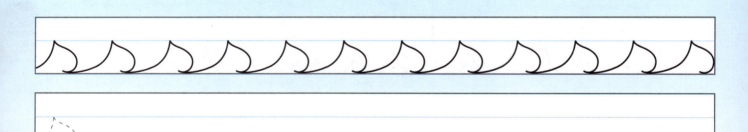

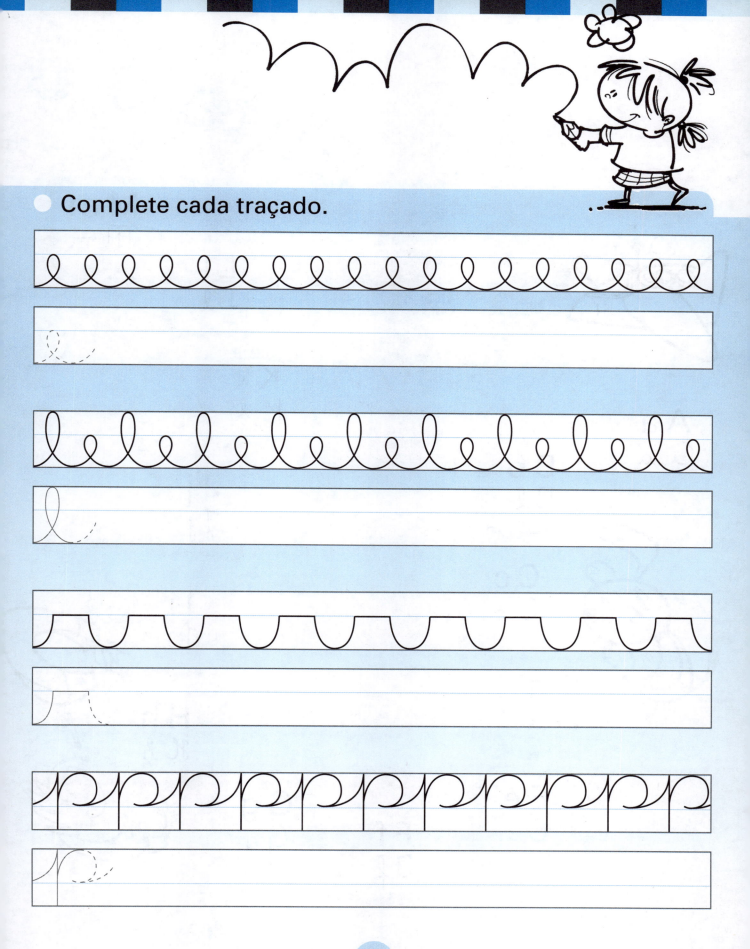

Complete cada traçado.

alfabeto

N n *Nn*

O o *Oo*

P p *Pp*

Q q *Qq*

R r *Rr*

S s *Ss*

T t *Tt*

U u *Uu*

V v *Vv*

W w *Ww*

X x *Xx*

Y y *Yy*

Z z *Zz*

Vamos escrever
O alfabeto

● Cubra o pontilhado para formar as letras do alfabeto.

A	a	Aa Aa Aa Aa
B	b	Bb
C	c	Cc
D	d	Dd
E	e	Ee
F	f	Ff
G	g	Gg
H	h	Hh

10

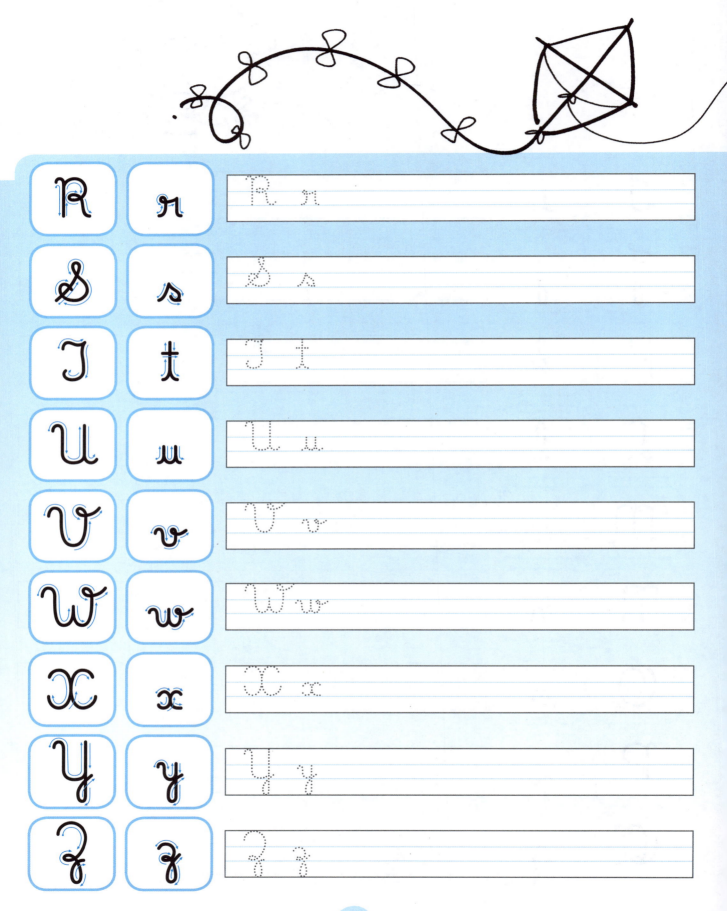

● Escreva as letras que faltam para completar o alfabeto.

Aa Ee Ii Oo Uu

As palavras a seguir começam com **vogal**.
Copie as palavras. Depois, pinte as ilustrações da página.

abelha

elefante

ioiô

onça

urso

Edson   ~~Alice~~   Olívia   ~~Ulisses~~
Osvaldo   Inês   ~~Oscar~~   Úrsula
Eduardo   Olga   Áurea   Alberto
~~Eliane~~   Antônio   Ivan   Érica

● **Copie cada um dos nomes acima no grupo correspondente.**

Começam com A

Alice

Começam com E

Eliane

Começam com I

Inês

Começam com O

Oscar

Começam com U

Ulisses

Até sem ser cultivada a terra bruta
Generosa nos dá esse tesouro
Que por dentro é saborosa fruta
E por fora é cor de ouro.

● Cubra e copie.

B   Ba   Be   Bi   Bo   Bu

b   ba   be   bi   bo   bu

Bebeto toca bem o berimbau.

Os bodes bravos brigaram.

berimbau

bode

16

Seja de raça sofisticada
Ou um vira-lata sem nada,
Ele não teme o perigo
E é nosso fiel amigo.

- Cubra e copie.

C   Ca   Co   Cu

c   ca   co   cu

A criança caiu da cama.

Cuidado, o copo pode cair.

cama

copo

17

A cenoura, para a vista,
É excelente alimento.
Não, eu não invento:
Já viu coelho no oculista?

- Cubra e copie.

C (com som de **s**)

A mercearia recebeu cebola.

É difícil ver cigarra na cidade.

cebola

cigarra

Nariz vermelho, cara pintada,
Sapato grande e calça folgada,
Ele traz alegria ao pedaço
E todos gritam: — Viva o palhaço!

- Cubra e copie.

O garçom trouxe outra taça.

Como faço um laço? Que embaraço!

taça

laço

Qual é a letra?

c ou ç

• Complete as lacunas, usando **c** ou **ç**. Depois, copie o texto.
Dica: use **ç** somente antes de **a**, **o** ou **u**.

Fumaça

No Circo Feli___idade o rei do peda___o

É Fuma___a, o mais querido palha___o.

Ninguém per___ebe como é difí___il

Ser palha___o, esse antigo ofí___io.

Ele pre___isa espantar a tristeza

E mostrar: a vida é uma beleza.

20

Eu queria 5, deu 1, 2, 4 e 6
E não acertei mais nenhuma vez,
O que me deixou bastante encucado:
Qual será o segredo deste dado?

- Cubra e copie.

D Da De Di Do Du

d da de di do du

Digitei tanto que o meu dedo doeu.

Douglas deixou o dominó comigo.

dedo

dominó

21

Onde é a casa da foca?
Será uma pequena toca
Ou um buraco na onda?
Quem souber me responda.

● Cubra e copie.

O galo, sem reclamar, todo dia
Antes de o Sol estar à vista
Bate as asas, levanta a crista
E, vaidoso, a manhã anuncia.

- Cubra e copie.

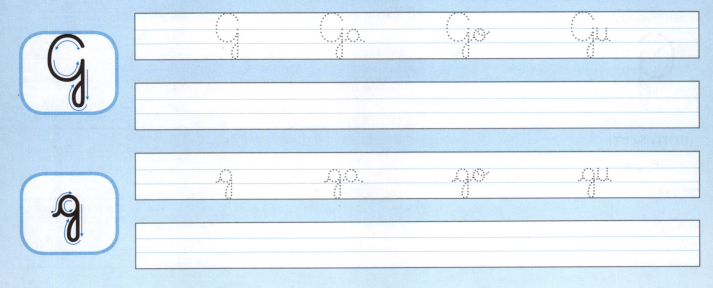

O gato de Rodrigo engordou.

As gorilas vivem na África.

gato

gorila

Fez calorão a semana inteira
Ontem foi quente, hoje também,
Calor tão forte que já tem
Pinguim dormindo em geladeira.

• Cubra e copie.

g (com som de **j**)

𝒢 𝒢 𝒢

ℊ ℊ ℊ

Rogério, há gelo no refrigerador.

A girafa ficou agitada.

gelo

girafa

24

Meu vizinho pega a guitarra
E não sabe tocar baixinho
Quer aprender tocar na marra,
Que folgado o meu vizinho!

- Cubra e copie.

g
(formando dígrafo)

G   Gue   Gui

g   gue   gui

O foguete é uma arma de guerra?

Guilherme encontrou um caranguejo.

foguete

caranguejo

25

Surge no céu, e é barulhento,
O helicóptero, que esquisito!
Parece um grande mosquito
Mas é, de fato, só um invento.

● Cubra e copie.

H   Ha   He   Hi   Ho   Hu

h   ha   he   hi   ho   hu

Hélio toca hinos na harpa.

Quantas hélices um helicóptero tem?

harpa

hélice

O jabuti é tranquilo à beça.
Mesmo se acorda atrasado
Vai caminhando sossegado,
Devagarinho, sem pressa.

- Cubra e copie.

Você sabe de que tem medo
O corajoso e forte leão?
Vou revelar um segredo:
Ele tem medo é de injeção.

- Cubra e copie.

L La Le Li Lo Lu

l la le li lo lu

O limão cresce no limoeiro.

Lave as mãos e calce as luvas.

limão

luvas

Gira, gira, girassol
Gira sempre sem parar
Gira tanto atrás do Sol
Sem nunca o encontrar.

- Cubra e copie.

(com som de **u**)

O alfaiate perdeu o alfinete.

Aldo tem um anel de pedra azul.

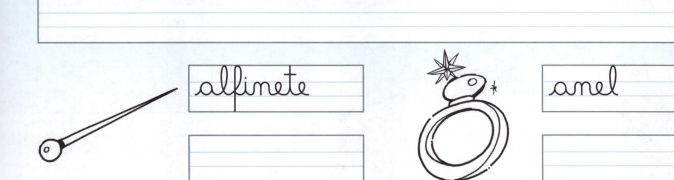

alfinete

anel

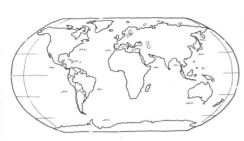

Hoje eu descobri na aula, com espanto,
Que o mundo todo cabe, nada escapa,
Nas cores e formas de um único mapa
Como aquele, que está ali no canto.

● Cubra e copie.

M Ma Me Mi Mo Mu

m ma me mi mo mu

Marta nunca comeu milho.

Meus amigos consertaram a mesa.

milho   mesa

30

Ambulância de sirene ligada
É sinal de emergência;
No trânsito é respeitada
Todos lhe dão preferência.

- Cubra e copie.

m

(formando som nasal)

m   am   em

im   em   um

Com a ampulheta se mede o tempo.

Comi um bombom com amendoim.

ampulheta

bombom

31

As ondas fazem o navio balançar,
É um sobe e desce constante
Que deixa muito mal o viajante
Que escolheu como caminho o mar.

- **Cubra e copie.**

N   Na   Ne   Ni   No   Nu

n   na   ne   ni   no   nu

O piano de Ana é novinho.

Meninos, há um ninho na janela.

piano

ninho

Quem vê o Elefante Elegante
O reconhece num instante.
Ele toma suco de carambola
De canudinho e cartola.

- Cubra e copie.

n (formando som nasal)

an am em

im om um

O anjo voou tanto que se cansou.

Antônio não encontrou a enxada.

anjo

enxada

33

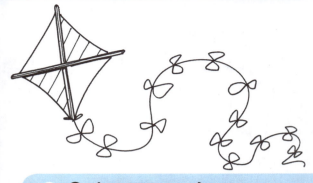

O observador mais atento
Essa bela pipa encanta
Mas a beleza nada adianta
Se não sopra forte o vento.

- Cubra e copie.

Qual é a letra?

m ou n

- **Complete as lacunas, usando m ou n. Depois, copie o texto.**
  Dica: antes de b ou p só use m.

O mal-entendido

"Uma bo___ba!" — algué___ gritou.

E na la___chonete a todos assustou.

E na co___fusão, co___ a notícia,

Chamara___ os bo___beiros, a polícia,

E, e___fim, se co___pree___deu o disparate:

A bo___ba era... de chocolate!

35

Esse quarto é uma desordem
Todos brincam o quanto podem
Deixam brinquedo para todo lado,
Que lugar mais bagunçado.

- Cubra e copie.

Q Qua Que

q qua que

Papai tem quase quarenta anos.

Qual é a cor do quati?

40 quarenta quati

Descubra o que é, pense direito:
"Redondo na forma, branco na cor,
Com ou sem furos, é de fino sabor
E do mais puro leite ele é feito."

● Cubra e copie.

(formando dígrafo)

Q Que Qui

q que qui

Aquele moleque é meu amigo.

Ainda há esquilos no parque?

moleque

esquilo

Entre todos os animais
A raposa tem fama demais.
Além de agilidade e beleza
É dona de enorme esperteza.

- Cubra e copie.

R   Ra   Re   Ri   Ro   Ru

r   ra   re   ri   ro   ru

O rato correu para a rua.

Minha flor preferida é a rosa.

rato

rosa

Dizem alguns malvados
Sem maiores cuidados
Que o burro, minha gente,
Não é lá muito inteligente.

- Cubra e copie.

rr (formando dígrafo)

rra   rro   rre

rri   rro   rru

Cuidado, não derrube a garrafa.

Choveu e o carro atolou no barro.

garrafa   carro

Na hora certa ele nunca aparece.
Se tem compromisso... esquece!
Sabe por que ele só se atrasa?
É que tem de carregar a casa.

- **Cubra e copie.**

r (brando)

r   ra   re

ri   ro   ru

Há araras e jacarés no Pantanal.

Débora deu pirulito para todos.

araras

pirulito

40

Qual é a letra?

r ou rr

- Complete as lacunas, usando **r** ou **rr**. Em seguida, copie o texto. Dica: não use **rr** depois de **n**.

Sonho dourado

Hen___ique trabalha como minei___o,

Cavouca a te___a o dia intei___o,

Procu___a prata, procu___a ou___o,

Sonha desente___a___ um tesou___o.

Enquanto pensa no futu___o

Ele trabalha, trabalha du___o.

41

Quem leva uma vida boa
É o sapo, que vive na lagoa
Cantando toda a madrugada
À procura de uma namorada.

- **Cubra e copie.**

S   Sa   Se   Si   So   Su

s   sa   se   si   so   su

O sino tocará em sete minutos.

O suco caiu e sujou o sofá.

sino

sofá

Todo pássaro, de todo jeito,
Desde o pardal até a arara
Uma ave colorida e rara
Merece o nosso respeito.

- Cubra e copie.

ss (formando dígrafo)

ssa   sso   sse

ssi   sso   ssu

Rex enterra ossos no quintal.

O pássaro bicou um pêssego.

osso

pássaro

43

É fácil encantar-se com ela.
Vermelha, branca ou amarela,
Quem já viu flor mais vistosa
Ou mais querida que a rosa?

- Cubra e copie.

(com som de **z**)

sa so se

si so su

Um besouro pousou na mesa.

Que vaso vistoso, cheio de rosas!

besouro

vaso

Qual é a letra?

s ou ss

• Complete as lacunas, usando **s** ou **ss**. Depois, copie o texto. Dica: não use **ss** depois de **l** ou **n**.

Menino ou menina?

"Menina!", queria a mãe. "Menino!", o pai.

E, conver___a vem, conver___a vai,

O avô, um sábio per___onagem,

Acon___elhou: "I___o tudo é bobagem.

Importante é o no___o bebezinho

___er recebido com todo carinho."

45

**Depois que o tatu se enterra
Custa muito a sair da terra;
Só sai se for por um inseto,
O seu alimento predileto.**

- Cubra e copie.

Vera tem um gosto diferente.
À tarde, enquanto a gente
Fica na quadra jogando bola
Ela toca modinhas na viola.

- Cubra e copie.

O veterinário vacinou a vaca.

Você toca violino ou violão?

vaca

violino

Aprendo um pouco por vez:
Cavalo, peão, bispo, rei...
E um dia tudo saberei
Sobre os segredos do xadrez.

- Cubra e copie.

X Xa Xe Xi Xo Xu

x xa xe xi xo xu

O rio baixou e vi um peixe.

Não deixe a xícara cair, Xavier.

peixe

xícara

48

Exercícios é a paixão de Juvenal
Ele executa todo tipo de esporte.
Exagerado, em vez de forte
Ele vai acabar num hospital.

- Cubra e copie.

x (com som de **z**)

xa xe

xi xo xu

Exercício faz bem à saúde.

Papai fez um exame do coração.

exercício

exame

A professora perguntou ao José:
— Que tipo de bicho a zebra é?
E ele respondeu desembaraçado:
— A zebra é... um cavalo listrado!

• Cubra e copie.

Zilda nunca tirou zero numa prova.

A buzina azucrinou a vizinhança.

zero

buzina

50

Uma história dizia: "Era uma vez
Um gato exótico, todinho xadrez
Encontrado na rua, foi bem cuidado,
E virou estrela de desenho animado."

- Cubra e copie.

(com som de **s**)

Alguém perdeu um capuz.

Esse juiz é incapaz de nos prejudicar.

capuz

juiz

K k W w Y y

● Conheça esta turma. Os nomes deles começam com **k**, **w** e **y**. Copie o nome de cada um.

~~Yara~~	Kelly	Yúri	Kléber
Yan	~~Wálter~~	Wesley	Keyla
Wilson	~~Kátia~~	William	Yoko

● Leia os nomes acima e copie cada um no grupo correspondente.

Começam com K

Kátia

Começam com W

Wálter

Começam com Y

Yara

Yúri

53

Maneco tentou todo o dia
Abrir a porta que não se abria.
Maneco, não seja cabeça dura!
Esta chave é de outra fechadura.

- Cubra e copie.

ch

(formando dígrafo)

Ch Cha Che Chi Cho Chu

ch cha che chi cho chu

Achei um machado perto do riacho.

A criança já não chupa chupeta.

machado

chupeta

54

Com tanta abelha-soldado
A colmeia parece um quartel.
Elas guardam com cuidado
Um cofre cheinho de mel.

- Cubra e copie.

lh (formando dígrafo)

lh   lho   lhe

lhi   lho   lhu

A ovelha dormiu sobre a palha.

Uma fagulha quase entrou no meu olho.

ovelha

olho

55

Gatinho é filhote de gato,
Filhote de porco é porquinho,
Mas ninguém sabe de fato
O nome de filhote de passarinho.

● Cubra e copie.

nh
(formando dígrafo)

nh   nha   nhe

nhi   nho   nhu

A rainha mesquinha vive sozinha.

Havia uma minhoca no caminho.

rainha

minhoca

56

~~ninho~~ colheita ~~chinelo~~ chuva
palha   folha   moinho   tocha
bicho   galho   vizinho   galinha

- Leia as palavras acima e copie cada uma no grupo correspondente.

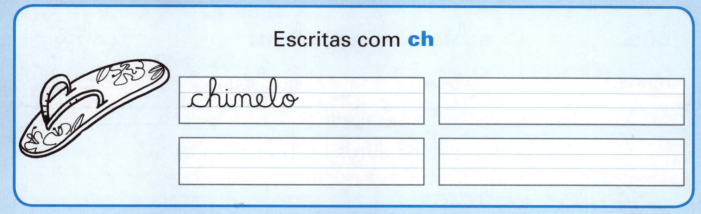

Escritas com **ch**

chinelo

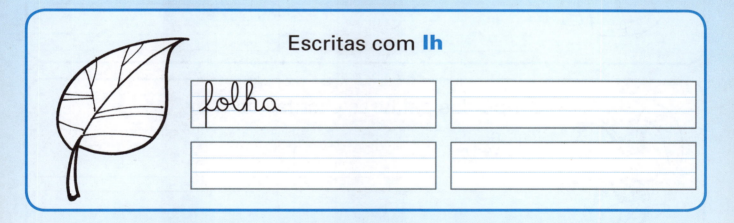

Escritas com **lh**

folha

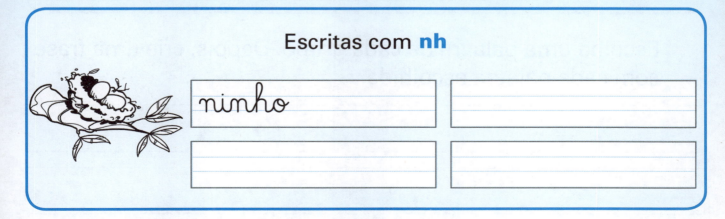

Escritas com **nh**

ninho

Bl bl   Br br

● Leia as palavras do quadro a seguir. Depois, copie-as no grupo correto.

blusa	neblina	lebre	cobra
Bruna	Pablo	emblema	Brasil

Grupo das palavras escritas com **bl**

blusa

Grupo das palavras escritas com **br**

lebre

Escolha uma palavra de cada grupo. Depois, crie uma frase com cada palavra escolhida.

Cl cl   Cr cr

○ **Leia as palavras do quadro. Depois, copie-as no grupo correto.**

cravo	Cláudio	creme	clube
bicicleta	Cristo	chiclete	crocodilo

Grupo das palavras escritas com cl

chiclete

Grupo das palavras escritas com cr

crocodilo

○ **Escolha uma palavra de cada grupo. Em seguida, crie uma frase com cada palavra escolhida.**

59

Fl fl   Fr fr

- Leia as palavras do quadro. Depois, copie-as no grupo correto.

Flávia	flecha	frango	flauta
~~flores~~	~~frutas~~	cofre	Francisco

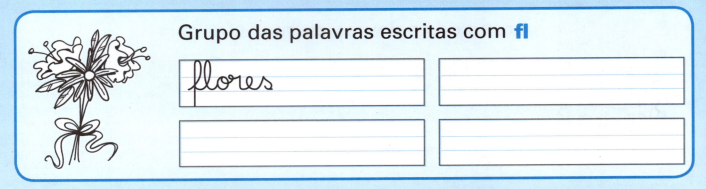

Grupo das palavras escritas com **fl**

flores

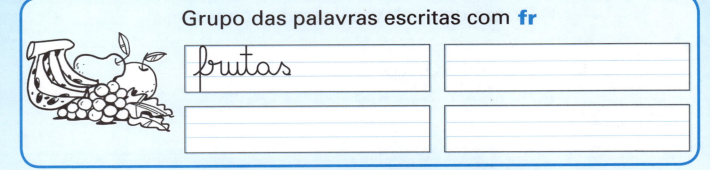

Grupo das palavras escritas com **fr**

frutas

- Escolha uma palavra de cada grupo. A seguir, crie uma frase com cada palavra escolhida.

60

• Leia as palavras do quadro. Na sequência, copie-as no grupo correto.

glacê	globo	grilo	gruta
grão	tigre	iglu	Gláucia

Grupo das palavras escritas com **gl**

iglu

Grupo das palavras escritas com **gr**

tigre

• Escolha uma palavra de cada grupo. Em seguida, crie uma frase com cada palavra escolhida.

Vamos ler e escrever

Poema

● Leia o poema em voz alta.
Depois, desenhe o seu crocogrilo para ilustrar o poema.

O crocogrilo

O que é um crocogrilo,
Um crocogrilo como é?
Será um grilo crescido
Com rabo de jacaré?

Onde mora o crocogrilo
Ninguém sabe, ninguém viu.
Será bicho do mato,
Ou será bicho do rio?

• Copie o poema nas linhas abaixo. Não esqueça o título.

Você reparou que esse poema tem duas estrofes?

Pl pl   Pr pr

- Leia as palavras do quadro. Depois, copie-as no grupo correto.

| placa | praça | preço | princesa |
| professor | planta | diploma | Plínio |

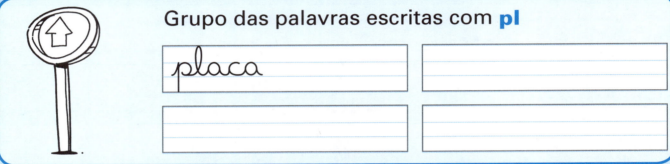

Grupo das palavras escritas com **pl**

placa

Grupo das palavras escritas com **pr**

praça

Escolha uma palavra de cada grupo. Depois, crie uma frase com cada palavra escolhida.

64

Tl tl   Tr tr

● Leia as palavras do quadro a seguir. Depois, copie-as no grupo correto.

~~atleta~~	trovão	trem	Atlântico
troco	atlas	atletismo	~~retrato~~

Grupo das palavras escritas com **tl**

atleta

Grupo das palavras escritas com **tr**

retrato

● Escolha uma palavra de cada grupo. Em seguida, crie uma frase com cada palavra escolhida.

Vamos ler e completar

Poema

- Leia o poema em voz alta. Preste atenção nas rimas.

Você troca

Você troca

um gato contente

por um pato com dente?

Você troca

um canguru de pijama

por um urubu na cama?

Você troca

uma taturana molhada

por uma banana descascada?

Você troca

um mamão bichado

por um bichão mimado?

Eva Furnari. *Você troca*? São Paulo: Moderna.

● Agora, troque as palavras finais dos versos usando novas rimas. Depois, leia em voz alta o poema que você criou.

Você troca

Você troca

um gato _____

por um pato _____ ?

Você troca

um canguru _____

por um urubu _____ ?

Você troca

uma taturana _____

por uma banana _____ ?

Você troca

um mamão _____

por um bichão _____ ?

Vamos criar
Cartão-postal

- Observe como é um cartão-postal.

Praia de Jericoacoara,
Município de Jijoca de Jericoacoara, CE

Aninha,
Aqui venta o tempo todo e o vento faz as dunas mudarem de lugar e de tamanho. Você não imagina como o céu daqui é azul, muiiiiiito azul!
Um superbeijo,

João Carlos.

SELO

Ana Paula Pontes
Rua Esperança, 2006
Belém - Pará
00000-000

- Agora é a sua vez!

  Crie uma mensagem para um amigo neste cartão-postal. Coloque o endereço do amigo no local correto.

Baía da Guanabara, Rio de Janeiro

SELO

Vamos escrever

Numerais

1234 6789 5 6

○ Cubra o pontilhado. Depois, copie na coluna ao lado.

1	1 um	
2	2 dois	
3	3 três	
4	4 quatro	
5	5 cinco	
6	6 seis	
7	7 sete	
8	8 oito	
9	9 nove	
10	10 dez	

11	11 onze	
12	12 doze	
13	13 treze	
14	14 quatorze	
15	15 quinze	
16	16 dezesseis	
17	17 dezessete	
18	18 dezoito	
19	19 dezenove	
20	20 vinte	

30	30 trinta	
40	40 quarenta	
50	50 cinquenta	
60	60 sessenta	
70	70 setenta	
80	80 oitenta	
90	90 noventa	
100	100 cem